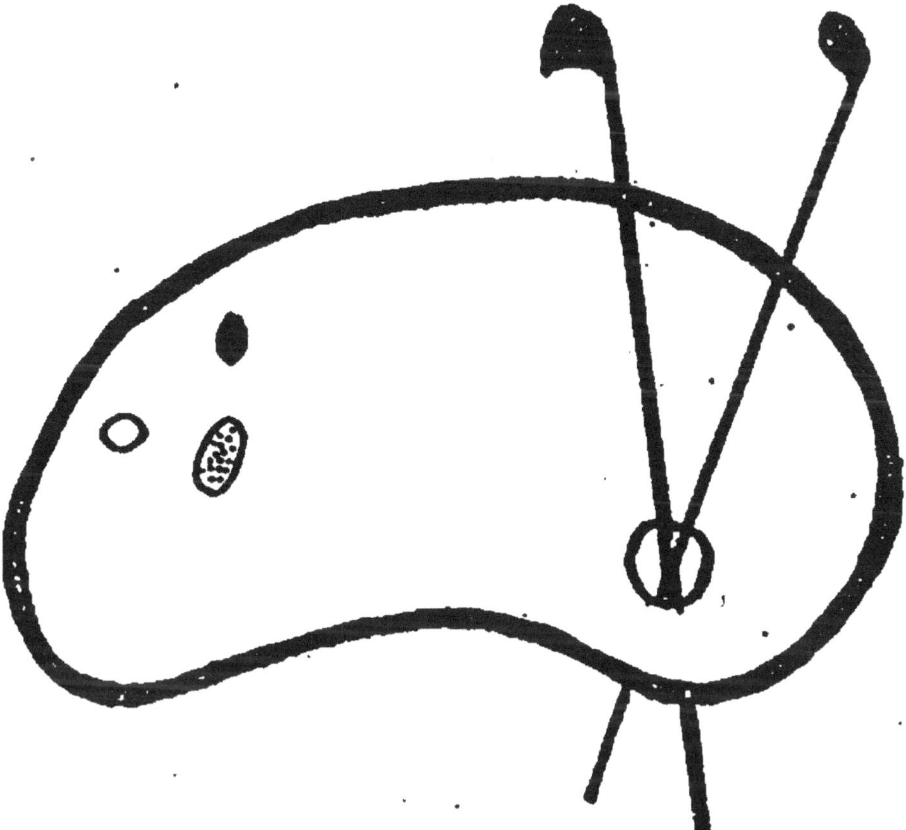

DEBUT D'UNE SERIE DE DOCUMENTS
EN COULEUR

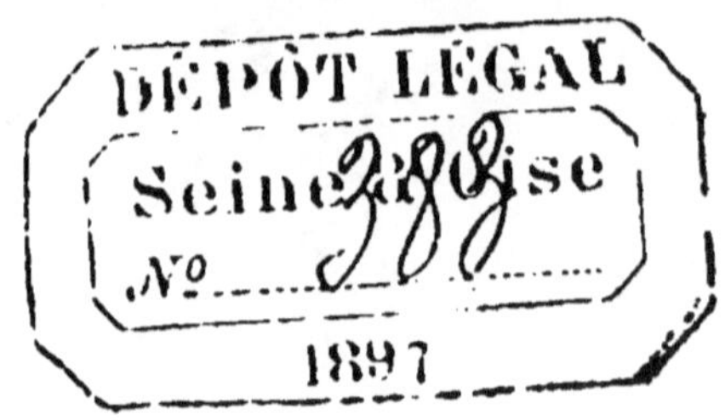

CHILLY-MAZARIN

SON HISTOIRE

PAR

Monsieur l'Abbé GEHIN

Curé de Chilly-Mazarin

Membre de la Société Archéologique de Corbeil

VERSAILLES

Imp. L. Pavillet, 30, rue Satory

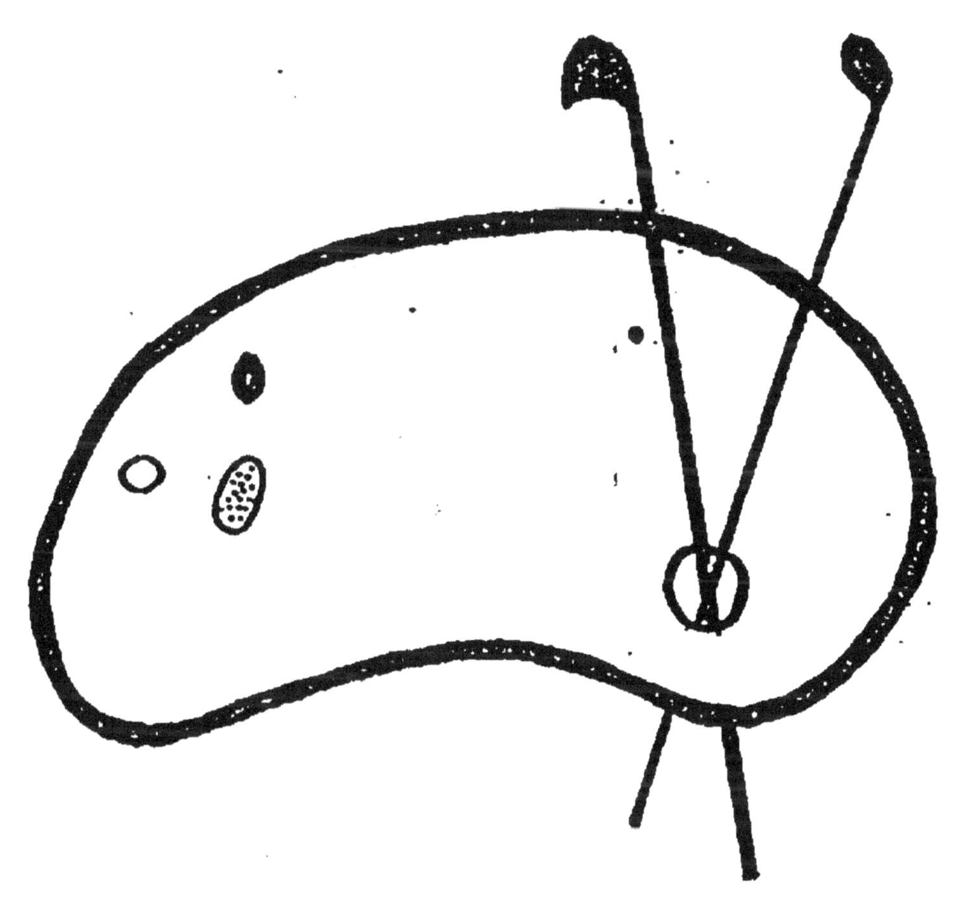

FIN D'UNE SERIE DE DOCUMENTS
EN COULEUR

CHILLY-MAZARIN

CHILLY-MAZARIN

SON HISTOIRE

PAR

Monsieur l'Abbé GEHIN

Curé de Chilly-Mazarin

Membre de la Société Archéologique de Corbeil

VERSAILLES

Imp. L. Pavillet, 3o, rue Satory

CHILLY-MAZARIN

Le village de Chilly-Mazarin est situé à [l'extrémité Sud d'un haut plateau connu sous le nom de plaine de Long-Boyau, qui commence à Villejuif et se termine à Massy. Il est à seize kilomètres de Paris, à deux de Longjumeau et à vingt de Corbeil.

En arrivant dans ce village calme et paisible, peuplé de cultivateurs et de petits bourgeois au nombre de quatre cents habitants, on ne se douterait pas qu'il eut des époques de splendeur, que presque tous les rois de France vinrent à son château, et qu'il retentit du bruit de nombreux équipages aux jours des fêtes splendides qui s'y donnèrent.

Ce village est d'origine romaine, il devait appartenir, nous dit l'abbé Lebeuf, à une famille noble nommée Callidia ou Catilia, d'où son nom de Callidiacum ou Catulliacum. De Callidiacum on fit par abréviation (Chailliacum). C'est le nom qu'on trouve dans les chartes du douzième siècle, de Chailliacum, vint Chailly, enfin au dix-huitième siècle les paysans disaient encore Chailly, mais les nobles et les historiens écrivaient Chilly.

Un aqueduc qui amenait les eaux par la plaine de Wissous et qui porte sur les vieux plans le nom d'aqueduc de Julien l'Apostat, confirme cette origine romaine.

Les plus anciens titres que l'on possède sur ce village datent du douzième siècle, et le premier Seigneur que l'on connaisse serait Robert de France, comte de Dreux, cinquième fils du roi Louis-le-Gros et frère de Louis VII.

Il avait à Chailly un château fort où il fit construire une chapelle en 1185 et où il mourut le 11 octobre 1188.

Après lui son fils Robert de Dreux, mort à Chilly le 28 décembre 1219, est encore Seigneur du pays.

Mais il parait vraisemblable, que ce fief faisait partie du domaine de la Couronne, que les rois de France le donnaient comme récompense à leurs amis ou serviteurs, leur vie durant, et qu'à leur mort le domaine revenait au roi, qui en disposait en faveur d'un autre. C'est ainsi qu'en 1234, Saint-Louis donne Chilly à Pierre de Dreux, duc de Bretagne, puis nous trouvons comme Seigneurs de Chilly :

Hugues Lebrun, sire de Lusignan, 1238;

Charles le Bel, 1293;

Enguerrand de Marigny, 1305;

Pierre de Vic ou de La Voie, neveu du pape
Jean XXII, 1317;

Philippe le Long, roi de France, 1320;

Jeanne de Bourgogne, 1328;

Jean III, duc de Bretagne, 1331;

Jeanne de Savoie, sa veuve, 1334;

Louis I", duc d'Anjou et roi de Sicile, 1360;

Son fils et petit-fils, puis son arrière-petit-fils
René, roi de Sicile, 1480;

Charles d'Anjou, comte du Maine, 1481;

A ce moment le domaine fait retour à la Couronne
sous Louis XI, qui le donne à :

Guillaume le Picart d'Estellan, février 1482, dit
le Grand Picart, archer du duc d'Anjou;

A la mort de Louis XI, Charles VIII restitue le fief
à :

Jean et Louis d'Armagnac, 1483, mais il leur est
contesté et enlevé par le duc de Lorraine,
1486, qui le vend à :

Michel Gaillard I" et Marguerite de Bourdin de
Villène d'Assy, sa femme, 1495;

Michel Gaillard II, et Souveraine d'Angoulême, sa
femme, 1512-1531;

Michel Gaillard III et Louise de Sains-d'Ailly, sa
femme, 1596;

Martin Ruzé de Beaulieu, 1613;

Antoine Ruzé d'Effiat, maréchal de France, 1632;

La maréchale d'Effiat, 1670;

Charles de la Porte, marquis de la Melleraye, maréchal de France, 1664;

Antoine II Ruzé d'Effiat, 1719;

Guy Paul Jules, duc de Mazarin, 1733;

Louis Marie Guy d'Aumont, duc de Mazarin et Louise Jeanne de Durfort de Duras, sa femme, 1781;

Louise Félicité Victoire d'Aumont, duchesse de Mazarin, épouse de Anne Charles Maurice Grimaldi Monaco Valentinois, 1804:

Ici s'arrête la liste des Seigneurs suzerains de Chilly.

Lorsque Louise Félicité Victoire d'Aumont, duchesse de Mazarin, revint d'Allemagne, où elle avait émigré, elle se trouvait devoir à Louis Joseph Lecoq, son régisseur, qui lui avait envoyé de l'argent en exil, la somme de 609,308 francs 65 centimes, elle lui abandonna le château et le domaine de Chilly pour se libérer, le 19 nivôse an XII (10 janvier 1804). Lecoq vendit les peintures, les sculptures, les marbres, l'or et fit abattre les deux ailes latérales du château, puis il vendit en 1822, ce qui restait des bâtiments à Louis Isidore Jardin et le parc mis en culture à Henri Lair. Isidore Jardin démolit à son tour le corps central qui restait, et reconstruisit avec les débris, la maison bourgeoise qui se voit encore, puis Isidore Jardin et Henri Lair revendirent le tout à M. Nougarède de Fayet en 1829 et 1861.

De celui-ci, la propriété passe entre les mains de M. Mocquard, notaire de l'empereur, en 1866, et enfin les héritiers de M. Mocquard vendirent en 1889 la propriété avec les fermes à la société Zoologique d'acclimation de Paris, qui en est actuellement propriétaire. Qu'il nous soit permis de regretter ici, que cette société n'ait pas ouvert le parc au public, comme ses jardins du bois de Boulogne, les serres, le bois, et surtout la pièce d'eau d'un hectare, auraient attiré bien des visiteurs.

Actuellement les fossés de chaque côté de la grille, les communs du côté droit et la première pierre sont les derniers restes de ce somptueux palais des ducs de Mazarin, les deux vues du château du coté de l'entrée et du côté des jardins ont été gravées par Pérelle et reproduites dans une brochure : *Louis XVI et Marie Antoinette à Chilly*.

SOUVENIRS HISTORIQUES

Le plus célèbre des rois de France qui possédaient Chilly et qui y vinrent fut Saint-Louis, en 1234.

Plus tard, nous y voyons Philippe le Bel, allant à Fontainebleau en décembre 1301, et François Ier revenant de Fontainebleau le 6 juillet 1537.

Ce fut le maréchal d'Effiat qui fit démolir le vieux donjon féodal dont la gravure nous a été conservée par Claude Châtillon, et reconstruire un château en style Louis XIII, par l'architecte Jacques Lemercier,

d'après l'abbé Lebeuf ou par Metezeau, d'après Du-
laure, peut-être par tous les deux. Les peintures étaient
dues au pinceau de Simon Voüet, les sculptures à
Sarrazin et les douze tableaux de Saint-Antoine dans
la chapelle du château, à Perrier, sur les dessins de Voüet.

Le maréchal d'Effiat était le protégé de Richelieu
son gendre le maréchal de la Meilleraye, reçut quatre
fois dans ce château le roi Louis XIII, en 1636, 1638,
1639 et 1642. C'est au cours d'une de ces visites, que
les émissaires de Cinq-Mars, fils cadet du maréchal
d'Effiat, partirent de Chilly, pour aller livrer la France
à l'Espagne. Richelieu, malgré l'amitié qu'il avait por-
tée aux deux maréchaux d'Effiat et de la Meilleraye,
dùt faire décapiter Cinq-Mars. L'itinéraire des rois de
France marque le séjour de Louis XIV à Chilly cinq
fois, en 1652, 1659, 1664, 1674, 1685.

On se figure à tort, que Chilly-Mazarin doit son
nom actuel au Cardinal de Mazarin, c'est une erreur.
Mazarin n'y habita jamais. Tout au plus y vint-il
quelquefois, et ce n'est même pas probable, on n'en
trouve pas trace dans l'histoire. Mais le Cardinal avait
marié l'une de ses nièces, Hortense Mancini, à Armand
de la Meilleraye, petit-fils du maréchal d'Effiat, en lui
imposant le nom et les armes de duc de Mazarin. Ce-
pendant, même alors, Armand duc de Mazarin, séparé
de sa femme, vécut et mourut en son château de la
Meilleraye. Chilly était alors possédé par Antoine II,
marquis d'Effiat, qui fut accusé, mais non convaincu,
d'avoir empoisonné Henriette d'Angleterre, avec un
verre d'eau de chicorée. Ce n'est qu'à la mort d'An-

toine II d'Effiat en 1719, que Guy Paul Jules, duc de Mazarin, fils d'Hortense Mancini et d'Armand de Mazarin, posséda et habita le château, et c'est seulement à cette date de 1719, qu'il faut prendre l'origine du nom de Chilly-Mazarin.

. . Ce fut surtout après Guy Paul Jules de Mazarin, mort sans postérité, que Chilly devint célèbre, lorsque les biens passèrent en ligne collatérale à Louis Marie Guy d'Aumont, duc de Mazarin, maréchal de France, Hortense Mancini avait eu en dot vingt-huit millions, et lorsque le duc d'Aumont Mazarin épousa Louise Jeanne de Durfort de Duras, cette fortune n'avait dû que s'accroitre, aussi la duchesse de Duras Mazarin donna dans son château des fêtes splendides au roi de Danemarck en 1764, à mesdames de France, filles de Louis XV, en 1768, puis au Dauphin et à la Dauphine, depuis Louis XVI et Marie-Antoinette à l'occasion de leur mariage. Ce jour là, Louis XVI traça dans le parc un sillon avec la charrue, ce détail a été illustré et la fête racontée dans une brochure, qu'on trouve chez l'auteur, à Chilly.

Il a été dit plus haut comment la dernière descendante de la famille, Louise Félicité Victoire d'Aumont perdit une partie de cette fortune et le château à la grande révolution, le reste et le titre de duc de Mazarin passèrent par son mariage dans la famille des princes de Monaco, dont le représentant actuel porte encore le titre de marquis de Chilly et duc de Mazarin.

Ces notes sur le château de Chilly et ses Seigneurs se rapportent à l'histoire même de la France. On peut en outre rappeler encore d'autres souvenirs historiques intéressants :

En l'an 640 Saint-Eloi, le bon Saint-Eloi, évêque de Noyon, fit bâtir à Chilly, une petite maison de retraite ou Ermitage, dans un emplacement qui lui appartenait sur les bords de l'Yvette. Là, disent les chroniques, il passait son temps entre la prière et le travail de l'orfèvrerie. Robert de France, comte de Dreux, que nous avons indiqué comme premier Seigneur, fit venir de Noyon une portion des reliques de Saint-Eloi et les plaça en 1170 dans une partie de l'oratoire dont il restait encore quelques débris qu'il fit réparer. En l'an 1234, Jean de Dreux, surnommé de Brenne, et Alix sa femme comtesse de Mâcon, fondèrent et construisirent à cette place le prieuré de Saint-Eloi, qui devint célèbre et riche dans la suite des temps.

Pierre de Guéméné, dit Pierre de Nantes, évêque de Saint-Pol-de-Léon, étant malade au château de Chilly, fut guéri miraculeusement dans la chapelle du prieuré par l'intercession des trois Maries de l'Evangile en 1357 et fonda en leur honneur, dans le prieuré un autel et une confrérie dite des trois Maries, l'autel se trouve actuellement dans l'église paroissiale de Chilly, où il fut transporté en 1793.

On trouve dans la liste des prieurs commendataires, en 1546, le fameux Théodore de Bèze, qui démissionna pour aller prêcher la réforme à Genève. En 1630 Cinq-Mars et en 1640 l'abbé d'Effiat.

Une léproserie située en face était jointe au prieuré

qui fut supprimé à la grande Révolution. C'est maintenant le château de Saint-Eloi qui se trouve depuis 1793 seulement, sur la commune de Longjumeau.

Au XIV⁰ siècle on fabriquait au moulin de Chilly une farine et un pain célèbre. C'était le pain du roi dit pain de Chailly. Une ordonnance de 1330 nomme trois sortes de pain : Pain de Chailly, pain coquillé et pain bis.

Un arrêt du parlement de juillet 1372 qualifie le pain blanc de pain de Chailly, le pain inférieur de pain bourgeois et la dernière qualité, de pain des Bordes.

Une autre ordonnance de 1376 porte : quand le bled vaut vingt-quatre sols le setier, le pain de Chailly pèse en pâte dix onces et tout cuit huit onces et demie et vaudra deux deniers.

Parmi les notabilités qui habitèrent le village, on peut citer entre autres :

Le poëte Chapelle, de son vrai nom Claude Lhuillier (1626-1685), qui s'était fait bâtir à Chilly, dans la rue du Lion, une petite maison, où il reçut souvent dans l'intimité Racine, Molière, Despréaux, Lafontaine. Sur l'emplacement de sa maison se trouve maintenant celle de M. Chéry, du Français.

Le jurisconsulte Bigot de Préameneu, père de madame de Nougarède de Fayet, venait de finir la rédaction du Code Napoléon. On vit longtemps son bureau conservé au Château.

Enfin Pinard, dit qu'une femme de lettres, Hortense

Mary Gay, femme Allard de Maritens, écrivit à Chilly son histoire de la République de Florence.

Actuellement le grand avantage de Chilly-Mazarin est qu'il se trouve situé au croisement de la Grande-Ceinture et du tramway de Paris à Arpajon. Huit trains pour Versailles, huit pour Corbeil, neuf tramways aller et retour pour Paris s'y arrêtent tous les jours. Les terrains y sont nombreux et à bon marché. C'est un pays bourgeois et paisible, qui ne demande qu'à se bâtir.

Les touristes et les archéologues ne quitteront pas le village sans visiter l'Eglise, où ils verront des pilliers du XI' siècle, des boiseries Louis XIV, les tombeaux de Souveraine d'Angoulème, d'Antoine II, le soi disant empoisonneur, les mausolées du maréchal d'Effiat, de sa femme, de sa fille, de son oncle Martin Ruzé de Beaulieu, l'autel des trois Maries, des peintures de Simon Voüet et de Perrier, venant du prieuré et du château, de vieilles étoffes, la litre seigneuriale etc.

M. l'abbé Géhin, curé de Chilly, membre de la Société archéologique de Corbeil, possède à côté de l'Eglise, rue Verte, n° 1, le potager de la maréchale, où laboura Louis XVI, ainsi qu'une collection de portraits des Seigneurs de Chilly, de vieilles faïences et des monnaies trouvées dans le pays.

On peut se procurer chez lui le récit de la fête donnée à Louis XVI et à Marie-Antoinette, avec les vues du château. Une histoire très complète de Chilly a été écrite par Patrice Salin, et éditée chez Adrien Leclère, mais cet ouvrage est très rare et presque introuvable.

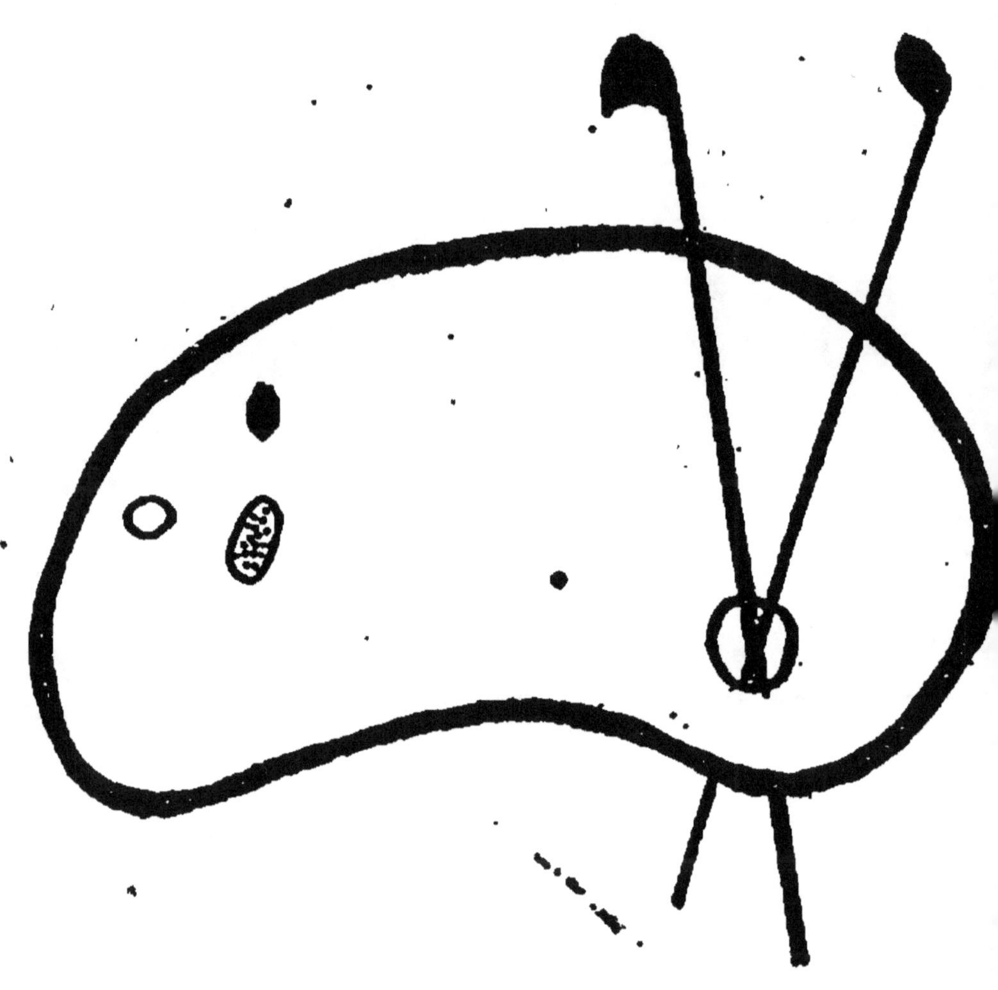

www.ingramcontent.com/pod-product-compliance
Lightning Source LLC
Chambersburg PA
CBHW051209050726
47594CB00007B/3132

9782012880177